AUSENCIA OSCURA

Luis Enrique García

Reservados todos los derechos. No se permite la reproducción total o parcial de esta obra, ni su incorporación a un sistema informático, ni su transmisión en cualquier forma o por cualquier medio (electrónico, mecánico, fotocopia, grabación u otros) sin autorización previa y por escrito de los titulares del copyright. La infracción de dichos derechos puede constituir un delito contra la propiedad intelectual.

El contenido de esta obra es responsabilidad del autor y no refleja necesariamente las opiniones de la casa editora. Todos los textos e imágenes fueron proporcionados por el autor, quien es el único responsable por los derechos de los mismos.

Publicado por Ibukku, LLC
www.ibukku.com
Diseño y maquetación: Diana Patricia González J.
Diseño de cubierta: Ángel Flores Guerra B.
Copyright © 2023 Luis Enrique García
ISBN Paperback: 978-1-68574-497-7
ISBN eBook: 978-1-68574-498-4

ÍNDICE

EVASIÓN	5
RESURGES	8
EN TI, Y EN TU ROSTRO	11
CIÑEN LAS HORAS	14
TU IMAGEN	17
A DIARIO	20
CUANDO	23
EN LA MAÑANA	26
TENGO EL CORAZÓN AZUL	29
TE INCENDIAS	31
PERSISTES	33
ERES TÚ	35
ESPLENDES	37
TE PRESIENTO	39
TÚ	41
QUÉ NOSTALGIA	44
ESTÁS CONMIGO	46
SOY UN RÍO	48
AUSENCIA OSCURA	50
EN ESTA HORA	53
TUS LABIOS	55
ENEDINA	57
ES TU MUERTE	60
EN LOS BRAZOS SANGRANTES	63
ERES GAVIOTA	66
TE SALUDO	68

EVASIÓN

Yo soy Edgar Allan Poe, soy el brazo rebelde y moderno,
De las letras vibrantes y rojas, de Estados Unidos,
Soy árbol sangrante que destila eternidad,
Soy Espada de Oro, Escudo de Luz,
Símbolo y huella incontenible ,
E incendiaria en América y el mundo.
Soy Rubén Darío, el Poeta Gigante ,
Coronan mi nombre gaviotas relámpago,
Y Estrellas de Oro, y Arcoíris con Alas,
Emergen del rostro de mi voz, bandera de luz, y códice esmeralda,
Que desnuda y abraza <u>el</u> corazón, del Planeta.

Soy un río caudaloso y azul,
Que canta un nuevo verso incendiario.

Puedes llamarme Edgar Allan,
Rubén Darío o Luis Enrique García, soy un río de luz rubia
Frondosa y desnuda, y preñado de la eterna poesía.
Soy eterno delfín , y peregrino errante,
Que cruza el mar estridente, de los siglos.

A diario me suicido, en mi voz incendiaria
de negros veranos, y húmeda de tu presencia azul
y resurges como penacho esmeralda,
en la fosa abisal de tu silencio luz,
estridente y frondoso,
y me surcas de paz portentosa,
y de ternura incontenible,
que contagia de ti, de tu presencia,
y de tu voz sublime, que se hace incendio,
y siembras tu existencia,
encima de la mía, como el mar
cubre de frescura y suavidad,
el rostro sonriente de un puerto,
que bufa y canta solitario,
cuando el día se asoma y estruja,
su penacho de colores,
encima de mi ser, y de tu vida,
que fecundó, y que dejó existencia,
que a diario sueña, y se ensancha
infinita, como un mar indetenible,
y portentoso, que baila y juega eterno…
De ti misma te evades, y te escapas,
como un río azul, que nace incontenible,
y canta con su voz desnuda, y corre
portentoso, hacia el mar que estalla,
y se columpia infinito en la distancia.

Eres vida relámpago,
que se fuga de sí misma,
y que cobra eternidad eterna,
encima de las horas y los siglos,
que pulsan tu ser impalpable,
que he perdido, y que habita,
en lo más hondo de mí…

Eres como un barco distante,
que se acerca, y se impone eterno,
en el mar de mi conciencia,
que tiembla, y se abraza a tu recuerdo,
y a tu presencia sublime,
que extraño, y que me ama,
con tu voz de silencios,
y tu sonrisa desnuda, incendiaria,
y eterna, que esplende portentosa,
cada vez que me incendio,
en tus ojos desnudos de inocencia,
y me abrazas con ternura
incendiaria, que descubro a diario…

RESURGES

A diario resurges,
y me incendias de ti,
con tu presencia sublime,
y efímera, que cobró eternidad,
y esplende victoriosa, invencible
y sutil, como la brisa del
mar, ante el rostro incendiario,
de los días, donde te amo,
te extraño, y te presiento,
con tu piel de cristal de oro,
y tu ternura portentosa,
que contagia de amores compartidos,
que se ensanchan, como un horizonte
que sonríe, surcado de águilas azules,
y serpientes con alas quebradizas,
en los ojos sombríos, de mi amor desnudo…

Ausencia Oscura

En las noches cálidas y eternas,
que esplenden como la piel de tu alma,
cuando duermo rendido y solitario,
y me fugo inconsciente de mí mismo,
y te recobro sorprendido,
con el mágico esplendor,
del recuerdo palpable de tu presencia,
que perdí ayer. Y te incendias,
a diario, encima de mi voz descuartizada.
Yo nunca te perdí,
porque resurges y habitas
indestructible y eterna,
en los ojos infinitos,
de mi voz azul, que siembra tu imagen,
encima del olvido, y de tu ausencia bravía,
que se hace eterna, donde descuartizo,
y rompo, distancias y silencios…

Y te presiento aquí, a mi lado,
y dialogas conmigo, amorosa y tierna,
y me fugo de la vida pestilente, y hueca,
en las alas luz, de la poesía sonriente,
que contagia, gloriosa, e incontenible
ungida de estrellas rubias
y primaveras azules, que contagian de grandeza,
donde te amo, y te veo, cuando me hundo en ti,
y me pierdo, en la bruma de la pálida inocencia,
y resurges, de lo más hondo del río caudaloso,
y oscuro de mi alma, porque soy, un árbol desmayado
y sangrante, que destila nostalgia escurridiza,
que desangra los días, mientras te amo, y sufro, sin ti,
incendiario de tu rostro, y de tu nombre, que hace eco,
y que derrama luz y oscuridad, al mismo tiempo,
que te incendias, en los ojos divinos, de mi amor oscuro,
por tu ausencia de siglos, que vomitas…

EN TI, Y EN TU ROSTRO

En ti, y en tu rostro,
hundo el alma, a cada instante,
que te amo, y te eternizas.
Eres un ángel protector y fiel,
que resguarda mi existencia.
Acaricias mi frente, y mi penacho,
y derramas tu corazón, encima
de mi ser, y de la piel efímera,
del silencio que surca,
y ciñe, este barco desnudo,
que reposa callado y soñador,
encima de las aguas azules,
de mi propio sueño,
que se ensancha y se deshace,
cuando despierto solitario,
y reclino el pasado, encima del presente…

Eres relámpago que esplende,
y se eterniza eterno,
eres un río que canta silencioso,
con su voz preñada de recuerdos…
Y en la voz callada del poeta,
destello de tu ser magnificente,
te incendias eterna, y triunfal,
encima del rostro de la nostalgia,
y en los labios eternos del amor,
con que te amo, y me pierdo en ti.
Y aunque a veces, lloro,
porque estoy sepulto a diario,
en la fosa oscura y amarga, que labró tu ausencia,
eres un geiser de luz mártir, que resurge
y canta incontenible, desde el alma,
y me abrazas imperceptible,
y silenciosa, con tu voz relámpago…

Ausencia Oscura

Eres tú, quien se antepone
en medio del pasado y del presente,
y encima, de mi voz ceñida de nostalgias,
y del recuerdo incendiario de tu ser,
que floreció y cayó marchito,
en medio de un mar incendiario
de silencios, que bufa eterno,
y deja marejadas de luz advenediza,
incendiaria y fraternal, en los labios de mi amor,
que se desnuda, y canta silencioso
y azul, a tu recuerdo frondoso,
que forja imperios rubios, en el alma…

CIÑEN LAS HORAS

Ciñen las horas, mi
soledad, y tu silencio.
Y tu rostro, incendiario de luz,
aquí en el alma. Los días n
se desnudan, y se imponen efímeros,
con su cuerpo infinito que sonríe,
y se deshace en mágico esplendor.
Y te ensanchas, y eternizas a diario,
en el litoral desnudo y eterno,
de mi alma, que canta a tu presencia
perdida que presiento, a cada instante,
que me hundo en tu nombre, y en tu
voz, que resurge, y se incendia
eternidades, en los ojos desnudos
de mi alma, que se abraza
al eco de tu voz perdida, que recobro,

en tu ausencia equidistante,
que embriaga mi voz
de oscuros inviernos
que eterniza tu ausencia, que esplende triunfal,
encima de la vida infame y ciega,
que sembró huracanes hambrientos,
encima de tu ser, y tu belleza enorme,
que esplende, y abraza mi corazón infinito…
Yo te canto,
con mi voz de ternura,
con esta voz sangrante y pálida,
de oscura soledad, por haberte perdido,
desde el día que te perdí, cuando
te fuiste, callada y silenciosa,
a la región transparente,
de la eterna quietud, y del silencio…

Deja que te cante eterno,
con esta voz incontenible y rota,
de nostalgia. Y en el eco azul,
de mi alma bravía y portentosa,
que se aferra a no perderte,
a pesar de que te he perdido.
Y tus palabras, tu rostro pintado
de luz, y tu presencia, se eternizan
y esplendes, cada vez que te
amo, y te presiento eterna,
muy cerca de mi lado, y en el alma…

TU IMAGEN

Tu imagen se refleja,
en el rostro desnudo
de mi alma. El silencio,
se extiende como un mar,
encima de mi ser, y tu presencia
se esfuma, y resurge eterna,
en cada instante, que respiro
tu nombre, y que te amo,
en esta soledad incendiaria,
y bravía, que desangra los días,
y el alma de mi voz, abre los ojos
al ayer perdido, y te veo,
y te presiento en mi existencia…
La soledad se incendia,
encima de mi piel, y tu silencio,
que descuartiza y estalla a diario,

como el grito del mar, en la distancia,
como una rosa se deshace,
en las manos salvajes del viento.
Emerges de los labios azules,
del amor de mi alma, que tiembla
y se estruja inconsolable,
cada vez que te incendias,
en los ojos desnudos de mi alma…
Y resurges del todo, y de la nada,
del alma del recuerdo incontenible.
Eres tú, quien guía y alumbra
mi destino, a cada instante
que me pierdo, y que me hundo,
en mi propia derrota que forjo,
y reconstruyo a veces,
cuando veo sin mirar, la destrucción
terrible que fabrico a diario,

Ausencia Oscura

sin desnudar el cuerpo altivo del silencio,
que estrangula cobarde, las palabras,
y a mí mismo me destruyo,
y te defrauda mi actitud infame,
y ciega, cada vez que me hundo,
en un mar putrefacto, y lila,
de sombras pestilentes,
y existes en lo más hondo de mí,
como primavera sonriente y azul,
en la piel niña del alma, y tu silencio…

A DIARIO

A diario te incendias,
y eternizas, en los labios oscuros,
del amor que ruge, y hace incendio
encima de mi pecho, y en el alma.
Los días sonríen, y cantan himnos
de nostalgia, con su voz descuartizada
y oscura. Y te reflejas apacible,
y eterna, en el rostro de mis palabras,
y tu ausencia imborrable, me ahorca,
y me asfixia las horas, que existo
porque estoy muerto, mientras vivo…
Y me pintas toda el alma,
de arcoíris rubios, y relámpagos azules,
y resurges de lo hondo de mi voz,
y mi conciencia, que evoca tu ser de luz,

y tus palabras hacen estruendo
incontenible, en la piel oscura y rota,
del silencio, que pulsa y ciñe mis días,
de tu presencia. Y tu corazón se agiganta,
y se desnuda, y se desgarra, se hinca,
y se esparce como niebla enaltecida,
y rota, entre los 10 árboles amados,
de tu huerto, porque son parte de ti,
y brotaron de tu cuerpo sagrado,
y fértil, como ofrenda curtida,
y hecha por las manos portentosas,
y azules, del rey hado omnipotente,
que vomita eternidad, y triunfa,
encima del rostro de los siglos, bárbaros…
Y me embriagas de ti,
con tu ternura azul,

y en la voz sublime del silencio,
esplendes a diario, y resurges
eterna, con tu voz amorosa,
inconfundible y sutil. Y en los labios
rotos, del poema que te escribo,
floreces incendiaria y sublime.
Eres como un ramo de relámpagos,
que estalla y hace estruendo,
incontenible y fugaz,
encima de mi pecho, y del rostro
incendiario, de los días efímeros,
que coronan mis sienes, de tu
ausencia que ciñe, y abraza mi ser,
con tu eterna presencia que idolatro…

CUANDO

Cuando sumerjo mi nombre,
en un mar oscuro, de silencios
bravíos, que descuartizan mi voz,
que se une a la voz de tu grandeza,
tu presencia sublime se eterniza,
y te reflejas en el rostro de mi amor,
y mis palabras. Y en el deshojar eterno,
de los días, que estallan y pintan
de belleza, y juventud incendiaria,
mi existir, existes en el alma
de las horas, mientras existo
y muero a diario, por tu ausencia.
Y navego sin brújula, y sin destino exacto,
en las aguas podridas, de un mar ciego,
y salvaje, que nace de mi voz, esclava
y prisionera, de mi propio paraíso apócrifo,

y descuartizo y escupo infame,
la arenga, del gran tigre azul,
héroe y salvador, del mundo ciego,
que existe sin existir exacto
y corre veloz al precipicio oscuro,
que ahorca y desangra, su grandeza.
Y en el grito estridente,
de mi alma, que grita,
y que estalla en silencio,
por haberte perdido,
aquel día que te perdí,
cuando te fuiste sumisa,
y resignada, al litoral azul,
de la eterna quietud,
y la esperanza inquebrantable,
donde florecen rosas azules,
que derraman relámpagos,
y palomas rubias, y jaguares rojos, con alas

de ternura, estrechan tu mano, tu amor,
y tus palabras se desnudan,
y encarnas la divina voluntad,
y el fruto perfeccionado y exacto,
a pesar de la intriga, y la venganza infame,
del torbellino infiel, y destructor,
que perfora el alma, y la existencia.
Y tus palabras, son gaviotas relámpago,
que vuelan y abren los brazos,
y siembras unicornios azules,
en la tierra fértil de tu promesa fiel,
y derramas el himno sublime, y desnudo,
que escribiste para mí, el día de tu partida...

EN LA MAÑANA

En la mañana que se despierta,
y canta sonriente en el silencio,
tu rostro y tu voz se desnudan,
y se incendian eternos en el alma.
Y me invades de ti, con tu ternura,
que florece y sonríe eterna,
y te presiento, en las notas
henchidas, de mi voz sangrante,
que estalla en los labios, del silencio,
que derrama honor, a tu presencia
enaltecida, que perdí, y que recobro,
cada vez que me hundo en tu rostro,
y en la luz eterna, de tu eco azul…

Ausencia Oscura

Y en el bramido estridente y eterno,
de mi alma, que grita incontenible,
y vomita y siembra, en el rostro de las horas,
ríos de oscuridad amarga, que golpean
y descuartizan salvajes, la quietud apacible
que me diste, al recordar que te he perdido,
y que te amo, y es imposible resignarme,
a tu ausencia incendiaria, y tu silencio sutil,
se eterniza, me ciñe, y me besa el alma.
Y en la voz cálida, de tu silencio incendiario,
me surcas de quietud incontenible, de promesas luz,
y de amor que canta, y contagia de ternura azul,
que emerge y proviene de tu alma,
que esplende y a diario se agiganta,
cada vez que tu imagen se incendia,
en mis ojos preñados, de apacible calma…

Tú, has ofrendado el corazón, soñante,
y pintado de arcoíris con alas azules,
en pleno sacrificio y gozo,
por los diez bridones, que nacieron
de tu ser, y que forjaste abnegada,
apacible y con entrega, por designio,
y voluntad, de un cielo que sonríe,
y se estruja portentoso,
cada vez que nos contempla eterno,
incendiario de luz, y de promesas bárbaras…

TENGO EL CORAZÓN AZUL

Tengo el corazón azul, y la voz descuartizada,
y oscura por tu ausencia.
El día abre sus ojos infinitos, y en sus alas
transparentes de luz, esplendes a diario
y te eternizas. Y en los brazos eternos del amor,
tu imagen se hace incendio, interminable.
Y resurges a mi lado, y me pintas de ternura,
y de sueños sublimes, la existencia desolada
y oscura, en donde existo, y se desangra mi alma,
por ti, y por tu ausencia bravía,
que embriaga de nostalgia eterna, mi existir,
que huele a soledad, sin tu presencia incendiaria,
que pinta barcos luz, y universos de oro
en el alma, que ruge y siembra el corazón,
encima de tu nombre, y del olvido…

Y en la voz cálida de los días, que se desnudan
y sonríen eternos tu rostro sutil, y tu mirada de luz,
se anteponen y triunfan a diario, encima del olvido,
y de la oscura nostalgia, que ciñe y golpea el alma.
Me contagias de ti, con tu amor incendiario,
que canta y sueña, con los labios preñados de inocencia,
y la voz desnuda, incendiaria, de sueños y promesas
compartidas, y en el deshojar constante y eterno,
de los días, que derraman su sonrisa de colores,
te incendias en mi voz, y encima de mi pecho
descuartizado y oscuro, que canta solitario,
y derrama honor, a tu presencia perdida,
que idolatro. Y en un horizonte preñado de
luceros, que sonríe y se desnuda portentoso,
en los labios desnudos de mi alma,
tu nombre, y tu rostro se eternizan…

TE INCENDIAS

Te incendias,
en mis ojos desnudos,
y me surcas de amor,
con tu presencia sublime,
que despierta promesas bravías,
y veranos lilas en el alma.
Y en la brisa de la paz incendiaria,
que me dejas, tu rostro, y tu voz,
se columpian en mi corazón ceñido,
por diluvios de sombras amargas…
Soy gaviota azul, que corre tras de ti,
en el vivo recuerdo, donde persistes,
y te haces incendio, encima de mi amor,
y del presente. Y en el vaivén de los días,
que coronan mi alma de nostalgias,
mi amor y tu amor sonríen salvajes,

y presiento tu ser de luz, que atraviesa distancias en silencio.
Y te reflejas en el alma, y en el corazón descuartizado,
del poeta que huele a soledad, y a primaveras azules
eternizas, que sonríen incendiarias, y fragantes,
a tu cuerpo imponente, que escurre eternidad…
Y en la voz incendiaria, de tu silencio,
tu imagen de esmeralda, y la piel de tu voz,
me deslumbran, y existes a mi lado, aunque estás
lejos de mí, teniéndote en mis ojos, y tú ausente.
Y habitas en la epidermis amarga y oscura,
del verano que sueña, con la voz ahorcada,
y los ojos preñados de ternura.
Y te presiento, en el himno estridente, que se incendia,
en los labios desnudos, de la lluvia, que mece y estruja,
tu penacho de luz, que sonríe, ante la presencia de la lluvia,
que canta, y acaricia incontenible todo,
y huye de sí misma, como tú…

PERSISTES

Persistes a diario,
y te eternizas,
en la voz oscura de mi alma.
Y en el grito estridente y amargo,
de mi conciencia, me abrazo
de tu nombre. Y tu presencia
se escurre, entre los muros
desolados del alma bravía,
del poeta que derrama ternura
incendiaria, eternidades…
Y en los rudos instantes, que desangran
y descuartizan mi alma, persistes en el eco
incendiario, de mi voz descuartizada,

que se incendia de tu imagen sutil,
y tus palabras sonríen, y acarician mi corazón,
y mi rostro surcado de oscuridad,
sin ti, porque te has ido lejos,
y habitas en lo más hondo,
de mi ser, y mi conciencia,
que grita incontenible de nostalgia…
Y te reflejas, en el grito incendiario y oscuro,
de mi alma que estalla incontenible, de fría
nostalgia, que se esparce, y ahorca el alma.
Y floreces eterna, en los ojos del amor,
y mi silencio, que descuartizas, cuando dialogo,
con tu voz que destila silencios, y tu mirada desnuda,
e incendiaria, se eterniza y sonríe,
encima de mi amarga voz que reflejo,
y eternizo, y que se incendia,
en medio de mi amor, y de tu amor desnudo…

ERES TÚ

Eres tú quien me acompaña, y nunca me abandona,
en la incendiaria y fría soledad, donde persistes,
amorosa y eterna, con el alma contagiada
de amor azul, y tus palabras me acarician el alma,
en un silencio que ladra y estruja mi existencia,
eternidades, porque resurges del grito incontenible,
incendiario, y roto, de mi amor descuartizado,
que tiembla y hace estruendo, como el grito angustioso,
en la voz tierna y salvaje de la lluvia,
así floreces y te incendias eterna,
en los ojos infinitos y azules,
de un amor hambriento y pálido,
por tu ausencia incendiaria,
y con tu eco de promesas, me agigantas la vida,
y me besas el alma, eternidades, cada día que existo…

Y en mi voz preñada y rota, de presagios funestos,
y de triunfos que añoro, y deseo alcanzar contigo,
por ti, y por la vida ciega, que escurre,
encima del cuerpo victorioso y eterno,
de los siglos, persistes en mí, y te esparces
incontenible y sutil, como relámpago estridente,
en la voz marchita de mi alma,
y te impones, con tu presencia incendiaria…
Y tu silencio azul, sonríe, desnuda y ciñe el alma,
de rosas azules, y barcos de oro.
Eres poesía sublime, y eterna,
que ruge y esplende a diario, en la voz desnuda del poeta.
Eres antorcha, eres arado portentoso de luz
que alumbra, y abre surco, en mi existencia.
Eres un ramo de relámpagos,
eres un río de besos infinitos, que acaricia,
y cae encima de la piel de mi alma, y de mi amor frondoso…

ESPLENDES

Esplendes en la sonrisa incendiaria y rota,
del verano, que canta desnudo y fragante,
su canción de nostalgia.
Y te presiento a diario, y te incendias
en los ojos descuartizados, de mi alma azul.
Eres antorcha, que alumbra mi existencia,
a cada paso, y el sol omnipresente, que desprende
sus cabellos de colores, encima de mi ser,
y mi conciencia, que grita y escurre portentosa, tras de ti…
Soy barco azul, repleto de sueños, y promesas,
que lucha incontenible y triunfal, ante el naufragio oscuro,
de los días, que surco, y me golpean el alma,
porque esplendes eterna, en mi piel
incendiaria de soledad, y en la voz marchita,
y desnuda del poeta, que siembra el corazón,
en el litoral amargo, de mi amor fértil y azul,

y en tu presencia inconfundible, que cobra eternidad, y me acaricia,
en el deshojar constante, de mis días rotos, de oscuridad,
y desencuentro. Y te reflejas eterna, y emerges portentosa
y sutil, de lo más hondo, de mi voz descuartizada y sombría,
cada vez que me hundo, en ti, y en tu nombre que florece,
en los labios desnudos y azules, de mi amor sangrante,
con que te amo, y tengo tu presencia, que idolatro,
a pesar de que te has ido, y esperas deseosa,
el día desconocido, del reencuentro,
que fundirá incontenible, tu existencia,
y mi existencia, en una sola. Eres un bridón,
que destila relámpagos de oro, atraviesas,
y surcas a diario, el litoral infinito de mi alma,
que sonríe y se desangra, por tu ausencia oscura,
que eternizas, como un manto de sombras y de luz
equidistante, en los brazos esmeralda,
de mi amor ahorcado por negros huracanes…

TE PRESIENTO

Te presiento, en el eco estridente, de tu propio silencio,
que ladra y eterniza tu voz, en el cristal límpido,
y desnudo del recuerdo, que ciñe y unifica triunfal,
tu ser y mi ser desolado, desde aquel día oscuro, roto,
y sin alma, que te perdí, cuando triunfaste incontenible,
encima del diluvio enfermo, sanguinario, portentoso,
ciego, y pestilente, que descuartizó y devoró, tu existencia,
día tras día, y alejó tu presencia de la mía, en un instante…
Y habitas a diario y te esparces, como relámpago eterno,
oh mariposa de luz, que surcas apacible y eterna,
el cometa desnudo y azul, que engendra mi alma,
que canta, se estruja, y se suicida,
y sonríe entre llorando, distante de ti,
y muy cerca de tu lado, porque te amo,
y te escurres en mi voz, te incendias en los ojos de mi amor azul,
y derramas un incendio de sombras agridulces…

encima de mi pecho que te adora…
Y te incendias, en mi voz desnuda,
y en mis ojos marchitos, por tu ausencia,
que une y fortifica, mi presencia con la tuya.
Eres como el sol que sonríe eterno, y besa con ternura,
mi rostro, y mi ser golpeado, por tu ausencia que fulmino,
y deshago, cada vez que te amo, y te escurres apacible,
y eterna, en los ojos áridos, de mi alma,
y en el eco oscuro, de los versos que te escribo,
cuando estoy solo, y te presiento,
y reclino el alma hacia el pasado, que salva,
estrecha, y reunifica, mi ser y tu ser, del olvido infame,
y fugaz, que desprecio. Y te reflejas eterna,
en mi corazón, porque eres incendio incontenible,
y bárbaro, que se hace eterno,
en el rostro desnudo, de las palabras azules,
que destila el alma…

TÚ

Tú nunca me dejaste, a pesar de tu ausencia incontenible,
porque habitas, en la región pálida, de la eternidad,
y de la vida exacta, y en los labios pródigos,
de un amor que sueña, a tu lado, eternidades.
El día abre sus ojos de cristal, y desnuda su cuerpo,
preñado de escorpiones relámpago, y sonríe con inocencia.
Y te reflejas portentosa, en el rostro húmedo,
de mis palabras, que florecen y esplenden, por ti,
cada vez que me hundo en tu faz, y en el eco inconfundible de tu voz,
que incendia de recuerdos mi existir…
Los días cantan, con el rostro sangrante,
y la voz perforada y ciega, de diluvios amargos que ahorcan,
mi corazón, y el alma que evoca, tu presencia que se impone a diario.
Y esplendes en mi pecho, encima del olvido y de los años crueles,
que desnudan el amor, y la esperanza se hinca a mis pies, y vomita
estrellas rubias, en mis manos, porque tú y sólo tú,

eres cascada de silencios, que resurge,
y ciñes mi nostalgia de relámpagos, cada vez que escurre
tu rostro, y tu sonrisa de luz, en la pared oscura de mi alma…
Y resurges incendiaria y eterna, en el espejo desnudo y azul,
de mi alma, y en la voz oscura del árbol, que enaltece,
y derrama honor incontenible y justo, con la ofrenda sublime,
de los versos desnudos y rotos, que te escribe.
Eres gaviota luz, eres un río de luceros azules,
que surca incontenible, la pradera infinita y niña, de mi alma,
que canta en silencio, a tu presencia exacta que recobro,
cada vez que te adentras, en el alma, y en los ojos de la espiga,
que besa y estrecha, tu corazón, en un abrazo eterno.
Eres una rosa ofrendada y bella, que sonríe y canta,
al contemplarme, y floreces a diario y te ensanchas,
como un mar de agridulces relámpagos,
eres un cielo preñado de unicornios azules, encima de mi voz,
y tu silencio, incendiario, y desnudo, palpita y hace eco,

Ausencia Oscura

en lo más hondo de la montaña oscura, de mi pecho,
y del invierno pestilente y sanguinario, que carcome
y ahorca, el rostro altivo y orgulloso de la tierra relámpago,
que adora a Jesús divino, y al cáliz de oro azul,
que forja y estremece, planetas y galaxias,
al bramido omnipotente y único, de su voz frondosa y desnuda,
que forjó tu ser, como palmera sonriente, que sueña,
y abre los brazos, al destino sepulto, en las garras salvajes
de la vida de polvo amargo, que vivo, y que viviste,
a la víspera del vuelo hacia la región
de infinitos bosques azules, que sonríen apacibles,
y la ternura de cristal, escurre de tus ojos incendiarios,
y desnudos, donde mi imagen
se extiende como un cielo esmeralda,
que cuelga y nace de tu nombre,
coronado de primaveras, y luceros lilas…

QUÉ NOSTALGIA

Qué nostalgia tan honda, y tan oscura,
y estos brazos húmedos de soledad,
por tu ausencia tan larga que eternizas,
y en la piel golpeada de silencios,
que pulsan y unge de recuerdos sonrientes,
te incendias a diario, en el rostro eterno,
de mi vida, y en la voz amarga y rota,
que fluye del río caudaloso y ancho,
de mi conciencia azul, que evoca tu ser,
y tu presencia presentida, que contagia de
eternidad, y de ternura suave…
Las horas y los días, incendiados de promesas,
por ti, y para ti, por tu presencia impalpable,
que se incendia, y ciñe de nostalgia oscura,
el corazón descuartizado del bridón azul,
que cosecha y derrama rosas relámpagos,

en los labios, y en lo más hondo del alma, encima de tu nombre,
y en el álbum desnudo, y desierto, en donde siembro el alma,
en los versos oscuros que te escribo, porque estás distante,
y conmigo a diario. Tu ausencia me desangra, y me oscurece,
el rostro azul de mi voz cada día es un siglo interminable,
mientras te amo, y te evoco, y espero incontenible tu retorno,
hacia el destino, que une y separa, tu presencia
y mi presencia sangrante, de la tuya, en aras
de un proyecto paradójico, que agiganta el sueño,
y el amor sublime, que me inspiras, eterna,
con la ternura que hincha, y engrandece el alma,
y contagia de ti, con tu silencio preñado de crepúsculos,
me estrechas, y me surcas la piel,
y los ojos hambrientos de mirarte, aunque gozo
tu presencia insospechada, con una lluvia de
estrellas esmeralda, y penachos azules, que presiento,
y escurren de tu frente inmaculada, que sonríe triunfal y portentosa…

ESTÁS CONMIGO

Estás conmigo desde lejos, incendiaria de eternidad,
en la mañana pálida y fresca, húmeda y sutil,
desierta y desnuda, del mes de junio que sonríe agónico.
El celaje derrama besos con ternura, que caen despedazados,
encima de mi piel, y del cuerpo infinito, semidesierto y vacío,
de este pueblo que amo, en medio de sus brazos invencibles,
de guerrero portentoso, que forja su grandeza indestructible,
que a diario se agiganta, y sueña. Y te reflejas en el alma
escurridiza, y en el rostro humeante y eterno, de la voz oscura,
y pálida del poeta, que engendra y eterniza horizontes
con alas azules, en el códice desnudo, donde escribo,
y vierto el alma, en tu honor que canta, y hace estruendo,
encima de los años y el olvido. La mañana vomita apacible,
su poesía sonriente y desnuda, manto de luz y sombra equidistante,
y derrama a diario, sus ojos infinitos, encima del mundo,
que funde y reunifica portentoso, mi presencia con la tuya...

Ausencia Oscura

Y en el hondo clamor, que ladra incontenible,
y refleja sublime tu victoria, me arrastras, me incendias
y contagias, de tu amor enaltecido y mártir, y me surcas de azul,
la voz de mi conciencia. Tus ojos de luz,
y tu corazón de niebla, canta y se estruja apacible,
y solitario, encima de mi ser y de mi nombre,
y de mi voz azul, que salvas portentosa,
del silencio. Y en los cabellos húmedos de la lluvia,
y la brisa sutil, que embriaga,
y viste de frescura, el paisaje,
te incendias eterna, en mi voz,
y en el rostro desnudo de mi alma,
que desnuda el corazón marchito,
encima del pasado y del presente oscuro,
y siembro cascadas de oro, y palomas azules,
encima de mis brazos. Y mi pecho desnuda,
el día enmascarado del reencuentro…

SOY UN RÍO

No, no estoy solo,
porque habitas,
en el mar de mi conciencia,
y resurges como relámpago esmeralda,
en el eco de mi voz marchita.
Eres bandera de luz, y libro de promesas fecundas,
oh árbol custodio
y protector que reavivas mis sentidos, cada vez que desfallezco,
y que me hundo,
en mi propio silencio tan oscuro que derramo,
en los días que vivo, sin existir,
y tu silencio se agiganta y sonríe,
y funde tu presencia con la mía, y descuartizas
diluvios de sombras que ahorcan, y golpean el alma,
porque existo, y estoy muerto, sin ti…

Eres un ramo incontenible, de sueños que estallan
eternizos en el alma, de esta piedra oscura, de soledad,
que recorre el ancho túnel, putrefacto, y terrible, de la vida,
que así misma se ahorca, y se destruye a diario.
Y con tu mano de niebla, y tu rostro de luz incandescente,
y tus ojos, y tu piel de arcoíris, me salvas de mi propio silencio,
que brota enmascarado y roto, del alma, como una flor oscura.
Soy un río de versos esmeralda, soy promesa fecunda
que esplende, y que surgió de lo hondo, de tu vientre;
y huyo incontenible y portentoso,
en el ancho surco de la vida,
que emerge de los labios de un dios incomparable y eternizo,
que derrama vida y muerte al mismo tiempo,
y que forjó, este ser que nunca ha sido tuyo,
y que nació de ti, como un manto de besos,
incendiarios, en el alma…

AUSENCIA OSCURA

Tu silencio perfumado, sonríe y ciñe mi voz,
de tu presencia, y me llueves como brisa de luz,
en los brazos eternos de mi alma que desnuda,
y vive tu silencio de rosas que perdura y canta,
en mi existencia desvivida y agria.
Soy barco de sombras agridulces,
anclado de tu nombre y tu presencia,
que respiro y me hundo en este oscuro imperio putrefacto,
en donde vivo y muero, lentamente
porque destilas, tu silencio salvaje,
y redescubro y presiento tu presencia.
Y en el velo húmedo, infinito y sombrío,
que cubre el rostro de una estrella de cristal,
que sonríe al infinito, y allá en lo alto,
el penacho de luz alumbra el mundo…

Ausencia Oscura

Bajo la mirada de la ventana esférica que ruge de esplendor
ante el bramido del trueno estridente de la lluvia,
que desliza, y suelta ágil su trenza fría,
y transparente que sonríe y se deshace,
ante el bramido violento y agridulce,
de tu ser desfallecido, y sublime,
de donde surgió este árbol soñante,
y silencioso, de lo hondo de tu vientre,
y de tu bella geografía erguida y fértil…
Tu ausencia escurridiza y oscura, ahorca
el alma, efímera y frágil de los días,
donde te amo, y me perfora la vida,
tu silencio agridulce, y el recuerdo
incendiario, de tu propio viaje que eternizas.
Eres como mi propia soledad, que me acompaña,
y se eterniza, encima de mi ser, y tu silencio…

Eres una casa infinita, y portentosa,
semidesierta y soñante, que sonríe,
y eterniza, su sonrisa desnuda y azul;
tienes la piel surcada de arcoíris eternos,
y los ojos preñados de relámpagos, que resurgen
incontenibles, de lo hondo, de tu voz de silencios.
Soy un destello, de tu ser, que cayó vencido,
y victorioso, al mismo tiempo, que cobraste
eternidad, encima de tu propia muerte,
que te libera del calvario, que viviste resignada,
y con los brazos abiertos hacia un Cristo,
incomparable y redentor, que rescata,
y enaltece tu existencia…

EN ESTA HORA

En esta hora de inquietud, y desencuentro, tu imagen
se eterniza, en la pared desnuda, y rota, de mi alma
que a diario se oscurece, al recordar tu ausencia que destruye,
la paz incendiaria, que me dejas, cuando vivías estando muerta,
en medio de mis brazos, y de la sangre incendiada de soledad,
y de nostalgia eterna, que se hinca de rodillas, y que derrama
el corazón, a tu recuerdo, ante el bridón artista todopoderoso.
Eres una rosa soñante, que vive incendiada de silencios;
deja que cante a tu presencia perdida, con el aroma fragante
y eterno, de los versos que te escribo incontenible,
con la voz herida y rota, de mi alma, que cierra los ojos
al presente, y abre las puertas al pasado.
Yo te hablo, a ti oh estela inconfundible,
y bella, con esta voz que se hinca hacia el pasado,
porque te reflejas, en el rostro
de mi voz, que a diario se marchita…

Eres tú, quien me acaricia el alma,
y quien destruye mi nostalgia pestilente,
en el corazón incendiario, y agónico,
del día, te presiento y te incendias,
eterna, en la piel niña, y en los cabellos
cálidos y suaves, húmedos de promesa
y ternura, del viento, que mece y estruja
su penacho infinito de cristal.
Y este ser, destello de tu vida,
Y de tu vientre, a diario,
se deshace y desmorona, por tu ausencia
de siglos, que ahorca y oscurece
y asfixia mi existir, y se columpia tu nombre,
encima de mi pecho, y de mi alma,
prisionera y libre del silencio, que destilas…

TUS LABIOS

Tus labios, pintados de silencios me embriagan
de veranos rubios, toda el alma, y tu ser que
me abandona, encuentra eternidad,
el día de tu partida incontenible.
Deja que el amor se ensanche, y sueñe
con los ojos desnudos, y el alma abierta hacia el mañana,
y deja que vomite marejadas azules, y huracanes de luz,
encima de mi llanto oscuro.
Mi presencia incendiaria, tras la ausencia,
de tu ser, que a diario se eterniza,
y me acompaña, en el oscuro río de mi existencia,
que ladra constante a tu partida, y a tu silencio
que ahorca, mi existencia, y sepulta estrellas rojas,
en el alma, que escribe el porvenir,
con los ojos preñados de relámpagos…

Eres tormenta de luz agridulce, que me besa,
y el cielo colgante, que resurge, y se fuga
de sí mismo; acaricias mi ser, y pulsas mis sentidos,
y sepultas mi llanto, en el corazón desnudo de tu amor.
Y tu presencia infinita me rescata del naufragio terrible,
donde me hundo en el abismo, de mi propio infierno
oscuro, donde salvas mi vida de la muerte,
que presiento, cada vez que sumerjo
el corazón, encima de tu nombre,
y de tu ausencia eterna y oscura,
que desnuda el alma, del tigre fiel,
que se abraza a tu recuerdo,
y no puedo desvanecerte, del mar de mi conciencia,
porque te incendias en mis ojos, y en mi voz,
preñada, de silencios bárbaros…

ENEDINA

Enedina, es la voz estridente,
incendiaria, y azul de la tormenta,
que resurge, y huye de sí misma;
y en el eco eterno de tu voz cándida,
presiento tu presencia, y la sombra,
de tu ser desencarnado, que encontró
eternidad incontenible e infinita,
cuando huiste de tu propio cuerpo,
y llegas a la Pradera Edénica y Azul,
donde sonríes con la piel transparente,
y tus ojos desnudos destilan unicornios de oro,
en tu voz preñada, de inocencia eterna…

En el cuerpo efímero y sangrante,
de los años, y en la piel pálida y rota
de los días, te incendias y eternizas,
como un barco incendiado de sueños,
anclado de los brazos eternos y azules,
de mi alma, que evoca tu ser y no te olvida,
oh golondrina de luz, que resurges
como relámpago incontenible y eterno,
de lo hondo de la voz de mi conciencia,
que ladra sonriente a tu recuerdo,
que incendia de nostalgia oscura,
esta bandera marchita y desolada,
que muere de agonía constante,
por tu ausencia incendiaria, que eternizas…

Ausencia Oscura

En tu rostro de luz,
y en tu voz de lluvia,
se incendian promesas fecundas,
que retumban, gritan y ciñen,
el corazón desnudo de los días,
que besan y acarician eternos,
que golpean y descuartizan,
este jaguar incendiado de nostalgia,
que a diario se oscurece, y se desangra
incontenible, el rostro de mi alma,
porque tu nombre, y tu imagen bella, ,
se incendian en mis ojos,
y te siento tan cercana y tan distante,
al mismo tiempo, que no puedo arrancar,
tu voz, de mi voz, que brama y estalla,
incendiada de recuerdos, que perforan mi existencia…

ES TU MUERTE

Es tu muerte incendiaria,
y fugitiva, como el verano
sonriente, cálido y efímero
que incendia mi alma de ternura,
porque tu nombre y tu rostro,
se hacen incendio interminable,
en los labios azules, y rotos,
y en los ojos desnudos,
de mi voz incontenible y sombría,
como marejada eterna y salvaje,
de relámpagos negros,
como una cascada de gaviotas
que se estrellan, y caen
despedazadas, encima de mi pecho...

Ausencia Oscura

Es tu vida incontenible y portentosa,
que derrama vida, encima de mi vida muerta;
y en la piel rota, y en el rostro sangrante,
y húmedo de nostalgia eterniza, y azul, de los días,
te incendias, en el eco oscuro de mi voz,
que canta y se abraza de tu nombre,
que acaricia y estruja, mi conciencia,
golpeada, por el invierno oscuro de tu ausencia,
que a diario se eterniza, mientras yo soy
un poema escrito, con las lágrimas oscuras,
de mi alma que sufre, el adiós de tu partida…

Soy un volcán desolado,
con el alma muerta,
tengo la piel incendiada de soledad,
y los ojos hundidos en tu ausencia,
que ahorca el cuerpo incendiario,
y humeante de las horas, que ciñen
y palpitan eternas encima de mi ser,
y del silencio eterno y azul,
que derramo en el límpido presente,
encima del pasado inolvidable,
que devora mi vida, ante
el cuerpo palpable de la realidad,
que fulmina y devora la luz desnuda,
y eterna que había en mi rostro,
cuando el hoy era un ayer hermoso,
y tu ausencia infinita, no existía…

EN LOS BRAZOS SANGRANTES

En los brazos sangrantes y rotos
de mi voz frondosa, y pálida,
tu nombre se agiganta y esplende,
como una espiga ofrendada,
hacia la vida portentosa y exacta,
como un árbol robusto y colgante,
de mi voz que derrama versos de luz oscuridad,
y cartas desnudas que sonríen,
y acarician a diario,
mi ser desolado, y marchito de soledad,
que siembra el corazón, en tus palabras,
encima de la voz incendiaria, del silencio…

Y ciñes de amor azul,
que sonríe incontenible y eterno,
eres la esperanza que sonríe y sueña,
teniéndote a mi lado, y estos brazos
ceñidos de tu ausencia se incendian
de ternura salvaje, que reflejo y eternizo,
y tu rostro de luz, y el eco de tu voz límpida,
que desnudan, el corazón, y las promesas
bravías, que derramo por ti, como un río
de relámpagos que hace estruendo,
y desemboca encima de tu ser sublime,
y de tu voz preñada de palabras luz…

Ausencia Oscura

El día desnuda su cuerpo,
que sonríe, con la piel ceñida,
e incendiaria de promesas;
y te reflejas en el alma,
y en la voz marchita,
que derramo encima,
de tu ausencia y tu silencio,
que canta y siembra a diario,
espigas de luz, y águilas azules,
en mi alma sombría, que escribe
y pinta tu rostro inolvidable,
en los muros desnudos de un amor,
que derrama mi voz, al recordarte,
y siembro los ojos, con alas
incendiarias de sueños compartidos…

ERES GAVIOTA

Eres gaviota azul, que vuela
sonriente, y libre del huracán oscuro,
que golpeó, y destruyó constante,
tu ser inmaculado, cuando existías
conmigo, y pude abrazarte, tantas veces;
y soy parte de ti, y de tu ser enaltecido,
porque nací de lo hondo, de tu vientre,
que dejó vida encima de la vida efímera,
que corre enardecida y ciega, hacia el
abismo. Tengo el corazón ebrio de soledad,
y resurges eterna, y sublime como el sol,
encima de mi amor, y mi nostalgia infame.
Renaces del fondo de mi ser,
y en la voz desnuda de la torre,
incendiada de soledad escurridiza…

Ausencia Oscura

Tienes estrellas sonrientes, en los ojos,
y en el rostro, de mi amor, que canta a tu recuerdo,
derramo rosas con mi voz oscura,
y apretada de esperanza incontenible,
que ciñe el corazón, y la piel, de tu presencia perdida,
que esplende victoriosa, y que se impone eterna…
Resurges imponente en doquiera,
encima de mi amor, y del paisaje oscuro,
y herido de nostalgia, sin ti,
por tu ausencia que desangra,
mi existir, mis palabras hambrientas,
acarician tu rostro, y tu corazón,
incendiado de eternidad, incontenible,
canta rendido, y deshojas a diario,
recuerdos incendiarios eternizos,
que gritan y estallan portentosos,
en un mar de silencios agridulces…

TE SALUDO

Te saludo, con el alma incendiaria de agonía,
por tu ausencia infinita, que me asfixia los días,
y me encausa a luchar, por mí, y por un mundo
de grandezas sublimes, que presiento, y veo,
y palpo en lo más hondo de mí.
El día se desnuda suavemente, y en su piel pálida,
y marchita, y en la frescura del celaje,
te incendias en mis ojos,
y en mi voz apretada de naufragios.
Y en las manos suaves y tiernas,
de la soledad, renaces de ti misma, oh alondra mártir,
te impones como un cielo intocable,
sonriente, y desnudo, que me observa
con ternura, y con amor que destila,
y siembra, rubios delfines en mi voz…

Ausencia Oscura

Las horas se escurren, y danzan como relámpago,
encima del paisaje pálido, de la ciudad infinita,
de Guadalajara, donde reposo, mis sienes, y mi cuerpo ceñido
de pesares, en los brazos cálidos, incendiados de amor,
de la diosa, y reina indestructible de Jalisco, que canta,
y vomita el alma, mientras te amo y te presiento,
muy cerca de mí. Y observas callada y silenciosa, la ciudad sublime
y bella, herencia y obra de Carlos Quinto, y hundes tus ojos
de luz incontenible, en este árbol agonizante y oscuro,
por tu ausencia infinita y amarga, que me hunde en un mar
que golpea, hiere, y desangra el alma del poeta,
con nostalgias bravías infinitas. Soy un relámpago que surge
estrepitoso, de tu vientre fecundo incomparable;
soy arado portentoso y esmeralda, que abre surco,
en la pradera fértil de la vida; soy barco solitario y azul,
que navega y medita, y desafía huracanes…

www.ingramcontent.com/pod-product-compliance
Lightning Source LLC
LaVergne TN
LVHW041542060526
838200LV00037B/1109